www.ingramcontent.com/pod-product-compliance
Lightning Source LLC
LaVergne TN
LVHW010416070526
838199LV00064B/5312
* 9 7 8 9 3 5 8 7 2 5 9 6 4 *

اردو زبان کا تاریخی تناظر

(ہندی اردو تنازعات اور معروضی حقائق کی روشنی میں کچھ ابواب)

مرزا خلیل احمد بیگ

© Mirza Khaleel Ahmed Baig

Urdu Zaban ka Taarikhi Tanazur (Essays)
by: Mirza Khaleel Ahmed Baig
Edition: March '2024
Publisher :
Taemeer Publications LLC (Michigan, USA / Hyderabad, India)

ISBN 978-93-5872-596-4
9 789358 725964

مصنف یا ناشر کی پیشگی اجازت کے بغیر اس کتاب کا کوئی بھی حصہ کسی بھی شکل میں بشمول ویب سائٹ پر اَپ لوڈنگ کے لیے استعمال نہ کیا جائے۔ نیز اس کتاب پر کسی بھی قسم کے تنازع کو نمٹانے کا اختیار صرف حیدرآباد (تلنگانہ) کی عدلیہ کو ہوگا۔

©مرزا خلیل احمد بیگ

کتاب	:	**اردو زبان کا تاریخی تناظر** (مضامین)
مصنف	:	**مرزا خلیل احمد بیگ**
پروف ریڈنگ / تدوین	:	اعجاز عبید
صنف	:	غیر افسانوی نثر
ناشر	:	تعمیر پبلی کیشنز (حیدرآباد، انڈیا)
سالِ اشاعت	:	۲۰۲۴ء
صفحات	:	۴۶
سرورق ڈیزائن	:	تعمیر ویب ڈیزائن

باب (۱)

اردو زبان کی پیدائش، جائے پیدائش اور نشو و نما کے بارے میں اردو کے عالموں، محققوں اور لسانیات دانوں نے اب تک کافی غور و فکر اور چھان بین سے کام لیا ہے جس سے اس موضوع پر اردو میں لسانیاتی ادب کا ایک وقیع سرمایہ اکٹھا ہو گیا ہے۔ اردو کے جن عالموں نے اس موضوع پر تحقیقی نقطۂ نظر سے کام کیا ہے ان میں حافظ محمود خاں شیرانی، سید محی الدین قادری زور، مسعود حسین خاں، عبدالقادر سروری، شوکت سبزواری اور گیان چند جین کے نام خصوصیت کے ساتھ قابلِ ذکر ہیں۔

ان سے پیشتر میر امن، سر سید احمد خاں، امام بخش صہبائی، محمد حسین آزاد، شمس اللہ قادری اور سید سلیمان ندوی جیسے اردو کے ادیب و عالم بھی اردو زبان کے آغاز و ارتقا کے بارے میں اپنے اپنے خیالات کا اظہار کر چکے تھے۔ ماضیِ قریب اور عہدِ حاضر کے بعض دیگر اہلِ علم و نظر بھی اردو کے آغاز و ارتقا کے مسائل اور اس کے تاریخی تناظر پر غور و خوض کرتے رہے ہیں، مثلاً مولوی عبدالحق نے اپنے بعض خطبات میں، پنڈت برج موہن دتاتریہ کیفی نے اپنی تصنیف ''کیفیہ'' میں، سید احتشام حسین نے ''ہندستانی لسانیات کا خاکہ'' (جان بیمز) کے مقدمہ میں، جمیل جالبی نے ''تاریخِ ادبِ اردو'' (جلدِ اول) میں، سہیل بخاری نے ''اردو کی زبان'' میں اور شمس الرحمٰن فاروقی نے اپنی حالیہ تصنیف ''اردو کا ابتدائی زمانہ'' میں اردو کی پیدائش، مرزبوم نیز اس کے تاریخی ارتقا اور

تناظر کو اپنی فکر و تحقیق کا موضوع بنایا ہے۔۔

اردو کے ان تمام ادیبوں، عالموں، محققوں اور ماہرینِ لسانیات کے خیالات و نظریات کا خلاصہ یہ ہے کہ اردو ایک مخلوط یا 'ملواں' زبان ہے جو ہندوستان میں مسلمانوں کی آمد کے بعد شمالی ہندوستان میں معرضِ وجود میں آئی اور اس پر دہلی اور اس کے آس پاس کی بولیوں کے نمایاں اثرات پڑے۔ ان میں سے مسعود حسین خاں اردو کی پیدائش کو ''دہلی اور نواحِ دہلی'' سے، حافظ محمود خاں شیرانی ''پنجاب'' سے، سید سلیمان ندوی ''وادیِ سندھ'' سے، اور سہیل بخاری ''مشرقی مہاراشٹر'' سے منسوب کرتے ہیں۔ اسی طرح محمد حسین آزاد کے خیال کے مطابق ''اردو زبان برج بھاشا سے نکلی ہے''۔ گیان چند جین کے نظریے کے مطابق ''اردو کی اصل کھڑی بولی اور صرف کھڑی بولی ہے''۔ اور مسعود حسین خاں کی تحقیق کی رو سے ''قدیم اردو کی تشکیل براہِ راست دوآبہ کی کھڑی اور جمنا پار کی ہریانوی کے زیرِ اثر ہوئی ہے''۔ علاوہ ازیں شوکت سبزواری اس نظریے کے حامل ہیں کہ اردو کا سرچشمہ ''پالی'' ہے۔ ان تمام عالموں کا اس بات پر اتفاق ہے کہ اردو ایک خالص ہندوستانی زبان ہے۔ اس کا ڈھانچا یا کینڈا یہیں کی بولیوں کے خمیر سے تیار ہوا ہے۔ اس کے ذخیرۂ الفاظ کا معتدبہ حصّہ ہند آریائی ہے، لیکن عربی اور فارسی کے بھی اس پر نمایاں اثرات پڑے ہیں۔ یہ ہندوؤں اور مسلمانوں کی مشترکہ میراث ہے، کیوں کہ اس کی پیدائش کے دونوں ذمہ دار ہیں۔

یہ تھے اردو کے بارے میں اہلِ اردو کے خیالات و نظریات۔ اب دیکھنا یہ ہے کہ غیر اردوداں طبقے بالخصوص انگریزی اور ہندی کے بعض عالموں اور دانشوروں کی اس بارے میں کیا 'سوچ' رہی ہے اور وہ کس زاویے سے اردو کے تاریخی تناظر پر غور کرتے رہے ہیں۔ اس ضمن میں جن انگریزی مصنفین کی تحریروں کا جائزہ یہاں پیش کیا گیا ہے

ان میں جارج اے۔ گریرسن، جان ایف۔ کی، سنیتی کمار چٹرجی، امرت رائے، الوک رائے اور بال گووند مشر کے نام خصوصیت کے ساتھ قابلِ ذکر ہیں۔ ہندی مصنفین میں چندر دھر شرما گلیری، ایودھیا پرشاد کھتری اور دھیریندر ورما کی تحریروں سے استفادہ کیا گیا ہے۔

باب (۲)

اس امر کا ذکر یہاں بیجا نہ ہو گا کہ شمالی ہندوستان کے جن علاقوں میں عرصۂ دراز سے اردو زبان رائج تھی، انھیں علاقوں میں تاریخ کے ایک مخصوص دور میں دیوناگری رسمِ خط میں لکھی جانے والی زمانۂ حال کی ہندی جسے ''ناگری ہندی'' کہتے ہیں، کا ارتقا عمل میں آیا۔ اس کے اسباب لسانی سے زیادہ فرقہ وارانہ (Sectarian) تھے جن کی جڑیں ہندو احیاء پرستی میں پیوست تھیں۔ بعد میں انھیں عوامل نے ''ہندی، ہندو، ہندوستان'' کے نعرے کی شکل اختیار کرلی۔ یہاں کے مذہبی اکثریتی طبقے نے دیوناگری رسمِ خط کی شکل میں اس نئی زبان کو تقویت دینے میں کوئی کسر باقی نہیں چھوڑی جس کے نتیجے میں اردو چشم زدن میں محض ایک اقلیتی طبقے کی زبان بن کر رہ گئی، اور ۱۹۴۷ء میں ملک کی تقسیم نے اس کے وجود پر ہی سوالیہ نشان لگا دیا۔

اردو کی بنیاد بلاشبہ کھڑی بولی پر قائم ہے۔ اس زبان کا باقاعدہ آغاز دہلی اور مغربی اتر پردیش (مغربی یوپی) میں ہوا، کیوں کہ کھڑی بولی علاقائی اعتبار سے مغربی یوپی کی بولی ہے۔ مغربی یوپی کا علاقہ بہ جانبِ شمال مغرب دہلی سے متصل ہے۔ اردو بشمولِ دہلی انھیں علاقوں میں بارھویں صدی کے اواخر میں معرضِ وجود میں آئی۔ تاریخی اعتبار سے یہ وہ زمانہ ہے جب دہلی پر ۱۱۹۳ء میں مسلمانوں کا سیاسی تسلط قائم ہوتا ہے اور ترکوں، ایرانیوں اور افغانوں پر مشتمل مسلمانوں کی ایک بڑی تعداد ترکِ وطن کر کے دہلی میں سکونت اختیار کر لیتی ہے۔ اس دور میں دہلی میں سکونت اختیار کرنے والوں میں پنجابی

مسلمانوں کی بھی ایک کثیر تعداد تھی کیوں کہ یہ لوگ پنجاب سے ہی نقلِ مکانی کر کے دہلی پہنچے تھے۔ شمالی ہندوستان میں اس نئے سیاسی نظام کے قیام کے دوررس نتائج مرتب ہوے اور یہاں کا نہ صرف سیاسی منظرنامہ تبدیل ہوا، بلکہ اس کے اثرات یہاں کی سماجی اور تہذیبی و ثقافتی زندگی پر بھی پڑے۔ یہ تبدیلیاں لسانی صورتِ حال پر بھی اثر انداز ہوئیں۔ چنانچہ بعض وجوہ کی بنا پر کھڑی بولی کو، جو دہلی کے شمال مشرقی خطے میں یعنی مغربی یوپی میں رائج تھی، تقویت حاصل ہوئی اور اس کا چلن نہ صرف دہلی کے گلی کوچوں، بازاروں، میلوں ٹھیلوں نیز عوامی سطح پر ہوا، بلکہ دھیرے دھیرے یہ ملک کے دوسرے حصوں میں بھی رائج ہو گئی۔ نو وارد مسلمانوں اور مقامی باشندوں (جن کی یہ بولی تھی) کے باہمی میل جول کی وجہ سے اس میں عربی اور فارسی کے الفاظ داخل ہونا شروع ہوئے جس سے اس میں 'نکھار' پیدا ہو گیا۔ کھڑی بولی کے نکھار کا یہ زمانہ اردو کا ابتدائی زمانہ ہے۔ کھڑی بولی کے اس نئے اور نکھرے ہوئے روپ یا اسلوب کو ''ہندی''، ''ہندوی'' اور ''ریختہ'' کہا گیا اور اسی کو بعد میں ''زبانِ اردوئے معلّیٰ''، ''زبانِ اردو'' اور بالآخر ''اردو'' کے نام سے موسوم کیا گیا۔ اس لسانی عمل میں ہریانوی بولی نے تقویت پہنچائی جو کھڑی بولی کی طرح (ا) یعنی الف پر ختم ہونے والی بولی ہے۔ اگرچہ لسانی اعتبار سے دہلی ہریانوی بولی کے حدود میں واقع ہے، لیکن ہریانوی بنیادی طور دہلی کے شمال مغربی علاقے کی بولی ہے۔ یہی وجہ ہے کہ مسعود حسین خاں قدیم اردو کی تشکیل میں کھڑی بولی کے ساتھ ہریانوی کا بھی ہاتھ بتاتے ہیں۔ ہریانوی کے یہ اثرات بعد میں زائل ہو جاتے ہیں۔

یہ ایک لسانیاتی حقیقت ہے کہ ہر زبان اولاً محض ایک 'بولی' (Dialect) ہوتی ہے جس کا دائرۂ اثر و رسوخ ایک چھوٹے سے علاقے یا خطے تک محدود ہوتا ہے۔ جب یہی بولی بعض ناگزیر اسباب اور تقاضوں کے ماتحت جن میں سیاسی، سماجی اور تہذیبی و ثقافتی تقاضے

شامل ہیں، اہم اور مقتدر بن جاتی ہے اور اس کا چلن عام ہو جاتا ہے اور یہ اپنی علاقائی حد بندیوں کو توڑ کر دور دراز کے علاقوں میں اپنا سکہ جمانے لگتی ہے تو 'زبان' کہلاتی ہے۔ پھر اس کا استعمال ادبی نیز دیگر مقاصد کے لیے ہونے لگتا ہے اور اس کی معیار بندی (Standardisation) بھی عمل میں آتی ہے جس سے یہ ترقی یافتہ زبان کے مرتبے تک پہنچ جاتی ہے۔ اردو جو ایک ترقی یافتہ اور معیاری زبان ہے، اس کی کُنہ میں یہی کھڑی بولی ہے اور یہی اس کی بنیاد اور اصل واساس ہے۔ ہند آریائی لسانیات کی روشنی میں یہ بات نہایت وثوق کے ساتھ کہی جاسکتی ہے کہ اردو کھڑی بولی کی ہی کوکھ سے پیدا ہوئی ہے بعد میں اس پر نواحِ دہلی کی دوسری بولیوں کے اثرات پڑے۔ یہ ایک تاریخی اور لسانی حقیقت ہے کہ کھڑی بولی کے اس نئے اور نکھرے ہوئے روپ کو سب سے پہلے نووارد مسلمانوں اور ان کے بعد کی نسلوں نے اپنی توجہ کا مرکز بنایا۔ اسے نکھارا، سنوارا اور جِلا بخشی جس سے یہ زبان اس لائق بن گئی کہ اسے ادبی مقاصد کے لیے استعمال کیا جاسکے، چنانچہ اس زبان کا ادبی استعمال بھی سب سے پہلے مسلمانوں نے ہی کیا۔

چوں کہ کھڑی بولی کا اردو کے ساتھ ماں اور بیٹی کا رشتہ ہے اور کھڑی بولی شورسینی اپ بھرنش سے پیدا ہوئی ہے، لہٰذا اس رشتے کی وجہ سے اردو ایک ہند آریائی زبان قرار پاتی ہے۔ کھڑی بولی کا براہِ راست تعلق شورسینی اب بھرنش یا مغربی اپ بھرنش سے ہے جو وسطی ہند آریائی دور (۵۰۰ قبلِ مسیح تا ۱۰۰۰ سنہِ عیسوی) کی آخری یادگار ہے۔ شورسینی اپ بھرنش (مغربی اپ بھرنش) بشمولِ دہلی اور پنجاب شمالی ہندوستان کے ایک وسیع علاقے میں رائج تھی۔ ۱۰۰۰ سنہِ عیسوی تک پہنچتے پہنچتے اس نے دم توڑ دیا اور اس کے بطن سے متعدد بولیاں معرضِ وجود میں آئیں جو انھیں علاقوں میں رائج ہوئیں جہاں شورسینی اپ بھرنش بولی جاتی تھی۔ انھیں بولیوں میں سے ایک بولی 'کھڑی بولی' کہلائی

جس کا ارتقا دہلی اور دہلی کے شمال مشرقی علاقے یعنی مغربی اتر پردیش (مغربی یوپی) میں ہوا جس نے بعد میں نکھر کر ایک نیا روپ اختیار کر لیا۔ کھڑی بولی کا یہی نیا اور نکھرا ہوا روپ "ہندی" اور "ہندوی" کہلایا جو ہماری آج کی "اردو" کے قدیم نام ہیں۔ شور سینی اپ بھرنش سے پیدا ہونے والی دیگر بولیاں ہریانوی، برج بھاشا، بندیلی اور قنوجی ہیں جو اپنے اپنے علاقوں میں رائج ہوئیں۔ جارج گریرسن نے اپنے Linguistic Survey of India (لسانیاتی جائزہ ہند) میں ان پانچوں بولیوں کو" غربی ہندی" کے نام سے موسوم کیا ہے۔ مغربی ہندی کسی مخصوص زبان کا نام نہیں، بلکہ انھیں پانچوں بولیوں کے مجموعے کا نام ہے۔ ان کے علاوہ پنجابی اور گجراتی زبانوں کا تعلق بھی شور سینی اپ بھرنش ہے کہ یہ زبانیں بھی ۱۰۰۰ سنہ عیسوی کے بعد شور سینی اپ بھرنش کی کوکھ سے پیدا ہوئی ہیں۔

کھڑی بولی کی بنیادی خصوصیت یہ ہے کہ اس کے اسماء، ضمائر، صفات اور افعال بالعموم طویل مصوتے a- یعنی (ا) پر ختم ہوتے ہیں، مثلاً لڑکا، بیٹا (اسم)، میرا (ضمیر)، بڑا (صفت)، آیا، گیا (فعل)۔ ذیل کے دونوں جملے کھڑی بولی کے ہیں:

۱۔ ساون آیا۔

۲۔ میرا بڑا بیٹا دلّی گیا۔

چوں کہ لسانیاتی اعتبار سے اردو نے کھڑی بولی کا ڈھانچا اختیار کیا ہے، لہٰذا اس خصوصیت کی بنا پر یہ دونوں جملے اردو کے جملے بھی کہے جائیں گے۔ اس کے علی الرغم شور سینی اپ بھرنش کی ایک دوسری بولی برج بھاشا میں، جس کا ارتقا دہلی کے جنوب مشرقی علاقے (متھرا، آگرہ، وغیرہ) میں ہوا، اسما، ضمائر، صفات اور افعال بالعموم ایک دوسرے مصوتے o- یعنی 'و' پر ختم ہوتے ہیں، مثلاً لڑکو، بیٹو میرو، بڑو، آیو، گیو، وغیرہ۔

کھڑی بولی کے مذکورہ دونوں جملے برج بھاشا میں یوں ادا کیے جائیں گے:

۱۔ ساون آیو۔

۲۔ میرو بڑو بیٹو دلّی گیو۔

یہ بات قابلِ ذکر ہے کہ اردو نے اپنے ارتقا کے کسی بھی مرحلے میں برج بھاشا کی ان شکلوں کو اختیار نہیں کیا۔ اردو کی شناخت روزِ اول سے ہی اس کا کھڑی بولی پر مبنی ہونا ہے۔ یہ ضرور ہے کہ تاریخ کے مختلف ادوار میں اردو پر دیگر بولیوں کے اثرات پڑتے رہے ہیں، جیسے کہ قدیم (دکنی) اردو پر ہریانوی (دہلی کے شمال مغربی علاقے کی بولی) کے اثرات مرتسم ہوئے۔ لیکن اردو کا بنیادی ڈھانچا یا کینڈا جو کھڑی بولی پر مبنی ہے کبھی تبدیل نہیں ہوا۔

جیسا کہ پہلے کہا جا چکا ہے کہ کھڑی بولی کے نکھار کا زمانہ اردو کا ابتدائی زمانہ ہے۔ یہیں سے کھڑی بولی، اردو کی شکل میں اپنا نیا روپ اختیار کرتی ہے۔ کھڑی بولی کے اس روپ کو ہم اردو کا ابتدائی روپ یا ''قدیم اردو'' کہیں گے۔ ''ہندی''، ''ہندوی'' اور ''ریختہ'' سے بھی قدیم اردو ہی مراد ہے۔ اردو کا قدیم نام ''ہندی'' بعد کے دور تک یعنی بیسویں صدی کے اوائل تک رائج رہا (اگرچہ اس کا ''اردو'' نام بھی استعمال ہوتا رہا)۔ اردو کے مستند ادیبوں میں غالبؔ کے علاوہ علامہ اقبال نے بھی اردو کے لیے ''ہندی'' کا لفظ استعمال کیا ہے۔ اقبالؔ اپنی مثنوی ''اسرارِ خودی'' میں فرماتے ہیں:

گرچہ ہندی در عذوبت شکر است
طرزِ گفتارِ دری شیریں تر است

(اگرچہ اردو مٹھاس میں شکر کی طرح ہے، لیکن فارسی اس سے بھی زیادہ میٹھی زبان ہے۔)

یہاں ''ہندی'' سے اردو زبان اور ''دری'' سے فارسی زبان مراد ہے۔

لہٰذا قدیم فارسی تذکروں، تاریخ کی کتابوں اور اس زمانے کی ادبی تصانیف میں مستعمل لفظ ''ہندی'' سے زمانۂ حال کی ہندی مراد لینا سراسر نادانی ہے۔ جس وقت ہماری آج کی اردو کی ابتدائی یا قدیم شکل کے لیے ''ہندی''، ''ہندوی'' اور 'ریختہ'' جیسے نام رائج ہوئے تھے اس وقت زمانۂ حال کی ہندی یا دیوناگری ہندی کا کہیں وجود نہیں تھا۔ زمانۂ حال کی ہندی (جو دیوناگری رسمِ خط میں لکھی جاتی ہے) درحقیقت انیسویں صدی کے اوائل کی اختراع ہے، جب کہ اردو کے یہ نام بارھویں-تیرھویں صدی سے رائج ہیں۔ لہٰذا موجودہ ہندی بولنے والوں کا یہ خیال یا عقیدہ کہ یہ ہندی قدیم زمانے سے موجود ہے، صحیح نہیں ہے۔ ان کا یہ دعویٰ بھی صحیح نہیں ہے کہ اس کے ادب کا آغاز امیر خسرو (۱۲۵۳ء تا ۱۳۲۵ء) سے ہوتا ہے۔

اس امر کا ذکر یہاں بیجا نہ ہوگا کہ لفظِ ''ہندی'' نہ تو ہندی الاصل ہے اور نہ سنسکرت نژاد۔ اسی طرح نہ یہ تدبھو ہے اور نہ تتسم۔ یہ لفظ خالص فارسی ترکیب سے بنا ہے۔ نووارد مسلمانوں نے جب یہاں سکونت اختیار کی تو انھوں نے اس ملک کو ''ہند'' کے نام سے یاد کیا۔ لفظِ ''ہند'' کی تشکیل ''سندھ'' کی ''س'' کی ''ہ'' (ہائے ہوز) میں تبدیلی سے عمل میں آئی ہے، کیوں کہ سنسکرت کے بعض الفاظ کی ''س'' فارسی میں ''ہ'' میں بدل جاتی ہے، مثلاً سنسکرت ''سپت'' فارسی ''ہفت'' (بمعنی 'سات')، یا سنسکرت ''سپتاہ'' فارسی ''ہفتہ''، وغیرہ۔ سندھ اگرچہ ایک دریا کا بھی نام ہے، لیکن عہدِ قدیم میں سندھ سے شمالی ہندوستان مراد لیتے تھے جس میں پنجاب سے لے کر بنگال تک کا میدانی علاقہ شامل تھا۔ یہی لفظ ''سندھ'' فارسی میں ''ہند'' بن گیا جس کے آخر میں یائے نسبتی جوڑ کر ہندی (ہند + ی) بنا لیا گیا۔ اس طرح لفظِ ''ہندی'' خالص مسلمانوں کی ایجاد اور دین ہے۔

چنانچہ ''ہندی'' سے مراد ہند یعنی ہندوستان سے نسبت یا تعلق رکھنے والا یا ہند میں سکونت اختیار کرنے والا قرار پایا۔ یہی لفظ ہند میں بولی جانے والی بولیوں کے لیے بھی استعمال کیا جانے لگا۔ جب مسلمانوں نے ۱۱۹۳ء میں دہلی پر اپنا سیاسی تسلط قائم کیا تو ان کا واسطہ یہاں کی کھڑی بولی سے پڑا جسے وہ دھیرے دھیرے اپناتے گئے۔ انھوں نے اسے ''ہندی'' اور کبھی کبھی ''ہندوی'' کہنا شروع کیا۔ بعد میں اسی زبان کو ''ریختہ'' بھی کہا گیا۔ ''ہندی''، ''ہندوی'' اور ''ریختہ'' ـــ یہ اردو زبان کے ہی مختلف نام ہیں جو قدیم زمانے میں پڑے۔ بلکہ جیسے جیسے یہ زبان ترقی کرتی گئی اور پھیلتی گئی، اس کے نام پڑتے گئے۔ علاقائی اعتبار سے بھی اس کے کئی نام پڑے، مثلاً ''دہلوی''، ''دکنی''، ''دکھنی''، ''گجری''، وغیرہ۔ یہ بات درست ہے کہ اس کا ''اردو'' نام بہت بعد میں پڑا یعنی اٹھارہویں صدی کے ربعِ آخر میں، جب مصحفی نے یہ شعر کہا (اس سے پہلے اسے ''زبانِ اردوئے معلیٰ'' یعنی 'شہر معلیٰ! قلعۂ معلیٰ! دربارِ معلیٰ کی زبان' بھی کہا گیا):

خدا رکھے زبان ہم نے سنی ہے میر و مرزا کی
کہیں کس مُنہ سے ہم اے مصحفی اردو ہماری ہے

لیکن اس کا یہ ہرگز مطلب نہیں کہ اس سے پہلے اردو زبان کا وجود نہ تھا۔ جیسا کہ پہلے کہا جا چکا ہے کہ اردو شمالی ہندوستان میں بارھویں صدی کے اواخر میں کھڑی بولی کی شکل میں معرضِ وجود میں آئی۔ نووارد مسلمانوں اور ان کے بعد کی نسلوں کے لائقِ اعتنا سمجھنے سے یہ چمک اٹھی اور اس میں ادب بھی پیدا ہونے لگا۔ پھر جیسے جیسے یہ ترقی کی منزلیں طے کرتی گئی اس کا ادبی سرمایہ وقیع تر ہوتا گیا۔ اس میں قطعی کسی شک و شبہ کی گنجائش نہیں کہ اردو زبان زمانۂ حال کی ہندی سے قدیم تر زبان ہے کیوں کہ اس کا ادبی استعمال آج سے سات سو سال قبل شروع ہو چکا تھا، جب کہ زمانۂ حال کی ہندی (کھڑی

بولی ہندی/ناگری ہندی/اعلیٰ ہندی) کو پیدا ہوئے ابھی صرف دو سو سال ہوئے ہیں۔ اس لسانی حقیقت کا اعتراف بعض انگریزی اور ہندی مصنفین نے بھی کیا ہے جس کا ذکر اگلی شقوں میں آئے گا۔

باب (۳)

ہند آریائی لسانیات کے ممتاز عالم سنیتی کمار چٹرجی اپنی تصنیف Indo-Aryan and Hindi (ہند آریائی اور ہندی) میں کھڑی بولی کے اس نئے اور نکھرے ہوئے روپ کو جس کا ارتقا دہلی میں ۱۱۹۳ء میں مسلم حکومت کے قیام کے بعد عمل میں آیا "modified Western Apabharamsa" (ترقی یافتہ مغربی اپ بھرنش) کے نام سے موسوم کرتے ہیں اور کہتے ہیں کہ یہ اس دور میں شمالی ہند کے میدانی علاقوں کے عوام کی مشترکہ زبان کی حیثیت سے موجود تھی:

"After the settlement of the Turks and Iranis and the establishment of the first Muhammadan ruling house in Delhi, a modified Western Apabhramsa was all that was ready as a Common Language for the masses of the North Indian Plains". (P. 196)

(ترکوں اور ایرانیوں کے سکونت پذیر ہونے اور دہلی میں پہلی بار مسلم حکمرانی کے قیام کے بعد صرف ترقی یافتہ مغربی اپ بھرنش ہی شمالی ہندوستان کے میدانی علاقوں کے عوام کی مشترکہ زبان کی حیثیت سے موجود تھی۔)

چٹرجی "ترقی یافتہ اپ بھرنش" سے کھڑی بولی کے نکھرے ہوئے روپ کے علاوہ کوئی اور بولی یا زبان مراد نہیں لیتے، مثلاً شورسینی اپ بھرنش (مغربی اپ بھرنش) کی ایک دوسری بولی برج بھاشا کے بارے میں وہ یہ کہتے ہیں کہ اسے سولھویں صدی میں اہمیت حاصل ہوئی، پھر بھی یہ مخصوص ادبی بولی رہی، عوامی بولی نہ بن سکی۔ چٹرجی کھڑی

بولی کے اسی نکھرے ہوئے روپ یا "ترقی یافتہ مغربی اپ بھرنش" کو "Hindusthani" (ہندوستھانی) کے نام سے بھی موسوم کرتے ہیں اور کہتے ہیں کہ بارھویں _ تیرھویں صدی کے بعد کا زمانہ اس کی نشوونما کے لیے نہایت سازگار تھا۔ چٹرجی کی "ہندوستھانی" درحقیقت کھڑی بولی کا ہی نکھرا ہوا روپ ہے جسے ہم "اردو" کا قدیم روپ کہتے ہیں۔ زبان کی اسی شکل کو یعنی آج کی اردو کے قدیم روپ کو ہی "ہندی"، ہندوی" اور "ریختہ" کہا گیا۔ چٹرجی اپنی "ہندوستھانی" کے بارے میں مزید لکھتے ہیں کہ "یہ وقت کی ضرورت کے ماتحت معرضِ وجود میں آئی۔ خاص طور پر اس کی ضرورت مسلمان حکمرانوں کو تھی جو بدیسی تھے اور یہاں کی کوئی زبان نہیں سمجھتے تھے۔" آگے چل کر اسی "ہندوستھانی" کے بارے میں چٹرجی یوں اظہارِ خیال کرتے ہیں:

"Nobody began it deliberately and formally as a new language: it was an imperceptible development out of the -a dialect of Western Hindi, stimulated by the Panjabi speech of the first Indian Muslims. It was spoken in the bazaars of Delhi as a matter of course, because Delhi is within the Bangaru tract, where we have an -a dialect. It was not an artificial langauge that grew up in the court and camp of the Turki rulers at Delhi. Its first name was Hindi or Hindwi (Hindawi), which simply meant '(the language) of Hind' or India, or 'of the Hindus.' The other name, Zaban-e-Urdu or 'the language of the Camp', arose much later__ as late as the end of the 17th century, when the Delhi speech was much in evidence in the Deccan with the Mogul emperor sending and leading expedition after expedition against the Deccan Muslim states and the Marathas" (P. 197)

(اسے کسی نے نئی زبان کی حیثیت سے شعوری اور باضابطہ طور پر ایجاد نہیں کیا: یہ تو مغربی ہندی کی a (ا) بولیوں کے غیر محسوس ارتقا کا نتیجہ تھی، اور اسے اولین ہندوستانی مسلمانوں کی پنجابی زبان سے تقویت حاصل ہوئی تھی۔ یہ آگے چل کر دہلی کے بازاروں

میں بولی جانے لگی کہ دہلی بانگڑو کے علاقے میں واقع ہے جہاں (1a) بولی رائج ہے۔ یہ دہلی کے ترک حکمرانوں کے دربار یا لشکر میں ارتقا پذیر ہونے والی کوئی مصنوعی زبان نہ تھی۔ اس کا پہلا نام ''ہندی'' یا ''ہندوی'' (''ہندَوی'') تھا جس کا سیدھا سا مطلب ہے ہندوستان یا 'ہند کی (زبان)'، یا 'ہندوؤں کی (زبان)'۔ اس کا دوسرا نام ''زبانِ اردو'' یعنی 'لشکر کی زبان' بہت بعد کی یعنی سترھویں صدی کے اواخر کی پیداوار ہے۔ اس زمانے میں دہلی کا مغل شہنشاہ دکن کی مسلم ریاستوں اور مراٹھوں کے خلاف پے درپے لشکر بھیج رہا تھا اور ان کی رہنمائی کر رہا تھا اور اسی کے ساتھ دہلی کی زبان دکن میں اپنا سکہ جما چکی تھی)۔

چٹر جی کا ''زبانِ اردو'' سے 'لشکر کی زبان' مراد لینا اگرچہ محلِ نظر ہے، لیکن وہ یہ بات تسلیم کرتے ہیں کہ دہلی کی ہی زبان دکن پہنچتی ہے۔ دہلی کی اس زبان کو وہ ''ہندوستھانی'' کہتے ہیں اور اس کا پہلا نام ''ہندی'' یا ''ہندوی'' بتاتے ہیں اور اسی کا دوسرا نام ''زبانِ اردو'' تسلیم کرتے ہیں۔ اس سے یہ بات پوری طرح واضح ہو جاتی ہے کہ چٹر جی کے نزدیک ''ہندی'' یا ''ہندوی'' اردو زبان کا ہی قدیم نام ہے اور یہی زبان (یعنی اردو) ''ہندوستھانی'' ہے۔ چٹر جی نے اپنی مذکورہ کتاب کے صفحہ ۲۰۶ پر اردو کو شمالی ہندوستان کی ہندوستھانی کے مترادف مانا ہے اور اس کے لیے "Northern Hindusthani or Urdu" (شمالی ہندوستھانی یا اردو) کے الفاظ استعمال کیے ہیں۔ اسی طرح انھوں نے دکن میں فروغ پانے والی ''ہندی'' (قدیم مفہوم میں) کو ''دکنی اردو'' کہا ہے جس کا آغاز ان کے خیال کے مطابق ''ہندوستھانی کی ہمسر'' کے طور پر ہوا اور جس میں ادبی روایت پندرھویں صدی سے شروع ہوئی:

"The Deccan Urdu or Hindi literary tradition thus started in the 15th century with what may be called a sister form of

Hindusthani; and this tradition continued to have quite a flourishing life, until it merged into that of Northern Hindusthani or Urdu, after paving the way for the latter"
(P. 206)

(اس طرح دکنی اردو یا ہندی ادبی روایت کا آغاز پندرھویں صدی میں ہندوستھانی کی ہمسر کے طور پر ہوا اور یہ روایت پھلتی پھولتی اور پروان چڑھتی رہی، یہاں تک کہ شمال کی ہندوستھانی یا اردو کے لیے راستہ ہموار کرکے اس کی روایت میں ضم ہو گئی۔)

اردو کے آغاز و ارتقا کے بارے میں چٹرجی کے یہ بیانات نہایت معقول ہیں اور تاریخی و لسانی حقائق پر مبنی ہیں، لیکن جیسا کہ اہلِ علم جانتے ہیں کہ انھوں نے اپنی عالمانہ تصنیف Indo-Aryan and Hindi (ہند آریائی اور ہندی) میں بڑے متضاد اور گمراہ کن نظریات پیش کیے ہیں اور اردو کے بارے میں ان کا ذہن صاف نہیں ہے۔ چٹرجی کی مذکورہ کتاب کے یہ اقتباسات اگرچہ اب تک کے اردو زبان کے ارتقا اور اس کے تاریخی تناظر کی نہایت صاف، واضح اور روشن تصویر پیش کرتے ہیں، لیکن حیرت ہوتی ہے جب وہ اسی کتاب میں اردو کے مقابلے میں اچانک زمانۂ حال کی ہندی کو لا کھڑا کرتے ہیں اور "ہندوستھانی" کی اصطلاح کو، جسے وہ اردو کا مترادف مانتے آئے تھے اچانک "ناگری ہندی" کے لیے استعمال کرنے لگتے ہیں اور اردو کو "ہندوستھانی" کی محض ایک "شکل" قرار دیتے ہیں۔ وہ دکن میں ارتقا پانے والی اردو کے پورے ادبی سرمایے پر خطِ تنسیخ کھینچتے ہوئے کہتے ہیں کہ سترھویں صدی کے خاتمے سے قبل ادبی زبان کی حیثیت سے اردو کا کوئی وجود ہی نہیں تھا۔ چٹرجی کا یہ بیان علمی دیانت داری کے منافی ہے جسے اردو زبان و ادب کا کوئی بھی مورخ یا محقق تسلیم نہیں کر سکتا:

"This Urdu form of Hindusthani was not in existence as a literary language prior to the end of the 17th century".
(P. 162)

(ہندوستھانی کی اس اردو شکل کا سترھویں صدی کے خاتمے سے قبل ادبی زبان کی حیثیت سے کوئی وجود نہیں تھا۔)

یہ بات نہایت دلچسپ ہے کہ چٹرجی نے اپنی اس کتاب میں شمال میں امیر خسرو (۱۲۵۳ تا ۱۳۲۵ء) کی ادبی کاوشوں کا اور دکن میں اردو کے ادبی سرمایے کا ذکر تفصیل سے کیا ہے۔ انھوں نے اس امر کا اعتراف کیا ہے کہ ''ہندوستھانی'' کو ادبی مقاصد کے لیے استعمال کرنے میں دکن نے پہل کی اور شمالی ہندوستان کے لیے ایک نمونہ قائم کیا۔ چٹرجی ''ہندوستھانی'' کا قدیم نام ''ہندی'' اور ''ہندوی'' پہلے ہی تسلیم کر چکے ہیں اور اس کا دوسرا نام ''زبانِ اردو'' بھی مان چکے ہیں۔ امیر خسرو کے عہد کی زبان کا ذکر کرتے ہوئے انھوں نے پھر یہ بات دہرائی کہ اس زمانے میں دہلی کے آس پاس جس زبان کی نشوونما ہو رہی تھی اس کا اصلی نام ''ہندی'' یا ''ہندوی'' تھا جسے وضاحت کے ساتھ بیان کرنے کے لیے کبھی کبھی ''دہلوی'' بھی کہہ دیا کرتے تھے۔ چٹرجی نے اسی زبان کے لیے کہیں کہیں ''دہلوی اردو'' کی اصطلاح بھی استعمال کی ہے۔ چٹرجی نے میراں جی، شاہ برہان الدین جانم، خواجہ بندہ نواز گیسودراز، شاہ امین الدین اعلیٰ، محمد قلی قطب شاہ، ملا وجہی اور میاں خوب محمد چشتی جیسے دکنی مصنفین کی شعری و نثری تصانیف کے حوالوں سے یہ بات پایۂ ثبوت تک پہنچا دی ہے کہ دکن میں ''اردو'' نے چودھویں، پندرھویں، سولھویں اور سترھویں صدی کے دوران ادبی زبان کی حیثیت سے نمایاں ترقی کی جس سے وہاں ایک "distinctive literary standard" (ممتاز ادبی معیار) قائم ہو گیا۔ اس کے باوصف چٹرجی کا یہ کہنا کہ سترھویں صدی کے خاتمے سے قبل ادبی زبان کی حیثیت سے ''اردو'' کا کوئی وجود نہیں تھا، نہایت حیران کن ہے۔

اٹھارہویں صدی کے اوائل میں ولیؔ کی دہلی میں آمد اور ان کی اردو شاعری کا ذکر

کرتے ہوئے چٹرجی لکھتے ہیں کہ ''اس طرح ادبی زبان کی حیثیت سے ہندوستھانی کی اردو شکل وجود میں آئی''، لیکن چٹرجی یہ بھول گئے کہ شمالی ہند میں اردو شاعری کا آغاز ''ریختہ'' کی شکل میں ولیؔ کی دہلی میں آمد سے بہت پہلے امیر خسرو کے ہاتھوں ہو چکا تھا، اور اسی ریختہ کی روایت میں ۱۶۲۵ء سے قبل محمد افضل افضلؔ (م ۱۶۲۵ء) اپنی طویل مثنوی ''بکٹ کہانی'' (بارہ ماسہ) تخلیق کر چکے تھے نیز روشن علی نے ۱۶۸۸ء میں ''عاشور نامہ'' کے نام سے واقعاتِ کربلا سے متعلق ایک طویل نظم لکھی تھی۔

چٹرجی نے مزید حیرت میں ڈال دینے والی ایک اور بات کہی ہے۔ وہ اردو کے بارے میں لکھتے ہیں کہ ''یہ صاف طور پر مسلمانی زبان ہے اور اپنے رجحان اور رویّے کے اعتبار سے بڑی حد تک 'غیر ہندوستانی' ہے

..."'a language which is frankly Muhammadan and largely extra-Indian in its inspiration and attitude". P. 224.

دکنی اردو کے ادبی سرمایے کے بارے میں چٹرجی یہ کہہ چکے ہیں کہ یہ'' ہندی ادبی روایت'' سے مملو ہے۔ چٹرجی نے اس بات کا اعتراف کیا ہے کہ دکن کے شعرا ''ہندواسلوب'' میں، ''ہندی بحریں'' استعمال کرتے ہوئے، ''ہندو روایت'' کے مطابق شاعری کر رہے تھے، تو کیا یہ تمام چیزیں ''extra-Indian''(غیر ہندوستانی) ہیں؟

چٹرجی کے الفاظ یہ ہیں:

"Even before the close of the 16th century, North Indian Musalmans were composing religious poetry in the Deccan, in the Hindu style, in native Hindi metres, and with a pronounced Indian vocabulary of Sanskrit and Prakritic words. It was all in the Hindu tradition, so to say, except the script" (P. 205)

(سولھویں صدی کے خاتمے سے پہلے ہی، شمالی ہند کے مسلمان دکن میں مذہبی شاعری کر رہے تھے جو ہندو اسلوب میں ہوتی تھی، جس میں دیسی ہندی بحریں استعمال کی

جاتی تھیں، اور جس کے ذخیرۂ الفاظ کا معتدبہ حصّہ سنسکرت اور پراکرت سے لیے گئے ہندوستانی الفاظ پر مشتمل ہوتا تھا۔ اس میں رسمِ خط کے علاوہ سب کچھ ہندو روایت کے عین مطابق ہوتا تھا۔)

اس میں کوئی شک نہیں کہ دکن کی اردو شاعری نیز شمالی ہند کی بھی اردو شاعری جس میں افضلؔ کا بارہ ماسہ (''بکٹ کہانی'') بھی شامل ہے، ہندو روایات و رجحانات سے پُر ہے۔ اگر زمانۂ حال کے تناظر میں دیکھا جائے تب بھی اردو میں سیکولر اقدار کی کمی نہیں۔ اس میں کوئی شک نہیں کہ اردو ادب پر دوسرے مذاہب کے اثرات کے ساتھ ساتھ اسلام کے اثرات بھی پڑے ہیں، لیکن ہندو مذہب، ہندو فلسفے اور ہندو روایات و اساطیر کا بھی اس پر نہایت گہرا اثر ہے۔ اس کے باوصف چٹرجی کا یہ کہنا کہ اردو ''غیر ہندوستانی'' ہے اصابتِ رائے اور انصاف پسندی کے تقاضوں کے منافی ہے۔ اسے چٹرجی کی تنگ نظری اور تنگ خیالی پر ہی محمول کیا جانا چاہیے۔

چٹرجی یہ بات اچھی طرح جانتے ہیں کہ اردو کو مسلمان اپنے ساتھ باہر سے نہیں لائے تھے، بلکہ یہ یہیں کی ایک بولی کی کوکھ سے پیدا ہوئی، یہیں پلی بڑھی اور یہیں پروان چڑھی۔ اس کا ادبی ارتقا بھی اسی سرزمین پر ہوا۔ اس پر ''ہندو روایت'' کی گہری چھاپ پڑی۔ پھر یہ کیسے ''غیر ہندوستانی'' بن گئی؟

اردو کو ''مسلمانی'' یا ''غیر ہندوستانی'' زبان قرار دینے کی چٹرجی کی 'منطق' یہ ہے کہ ہندوؤں کو اردو سے دستبردار کر کے ان کی ایک الگ زبان قائم کی جائے۔ چنانچہ انھوں نے بالکل یہی کیا کہ ''ہندوستھانی'' کو عام اور مشترک زبان بتا کر اس کو دو خانوں میں تقسیم کر دیا۔ ایک کا نام انھوں نے ''ہندو ہندوستھانی'' رکھا اور دوسری کا ''مسلمان ہندوستھانی''۔ ہندو ہندوستھانی کو انھوں نے ''ناگری ہندی'' یا ''سنسکرتی ناگری ہندی''

کے نام سے موسوم کیا اور مسلمان ہندوستھانی کو ''اردو'' کا نام دیا۔ ''ہندوستھانی'' کی یہ تقسیم چیٹر جی سترھویں صدی کے بعد سے شروع کرتے ہیں۔ ان کے خیال کے مطابق ''سترھویں صدی میں ہندو ہندی (یا ہندوستھانی) یا مسلمان ہندوستھانی یا اردو بہ مقابلہ ہندی نام کی کوئی چیز نہیں تھی'':

"Hindust(h)ani, therefore, came out into the modern world as a vehicle of prose in its twin forms, High Hindi (or Nagari Hindi) and Urdu, about 1800. There was no Hindu Hindi (or Hindusthani) or Musalman Hindusthani, no Urdu as opposed to Hindi in the 17th century: the Muhamadan writers in the Deccan cultivated it, but the vocabulary_ the main bone of contention_was still largely Indian or Hindu; there was a common Hindi or Hindwi or Dahlawi, or to give a later name, Hindustani (Hindusthani) speech, which was the common property of both the Hindus and Muslims." (Pp. 211-12)

(لہٰذا دورِ جدید میں ہندوستھانی نثری ذریعۂ تصنیف کی حیثیت سے اپنی جڑواں شکلوں میں، یعنی اعلیٰ ہندی (یا ناگری ہندی) اور اردو کی شکل میں ۱۸۰۰ء کے قریب وجود میں آئی۔ سترھویں صدی میں ہندو ہندی (یا ہندوستھانی) یا مسلمان ہندوستھانی نام کی کوئی چیز نہیں تھی، اور نہ ہی اردو بہ مقابلہ ہندی تھی: دکن کے مسلمان مصنفین نے اس کی پرداخت کی، لیکن ذخیرۂ الفاظ جو نزاع کی بنیادی وجہ ہے، اب بھی بڑی حد تک ہندوستانی یا ہندو ہی تھا۔ ''ہندی'' یا ''ہندوی'' یا ''دہلوی'' یا جسے بعد کے نام سے پکاریں تو ''ہندوستانی'' (''ہندوستھانی'') کہہ سکتے ہیں، ایک مشترک زبان کی حیثیت سے رائج تھی، اور یہی زبان ہندوؤں اور مسلمانوں دونوں کی مشترکہ میراث تھی۔)

لیکن حقیقت یہ ہے کہ اردو بلا لحاظِ مذہب و ملت مسلمانوں اور ہندوؤں دونوں کی مشترکہ زبان کی حیثیت سے شمالی ہندوستان میں بیسویں صدی کے وسط تک رائج تھی اور

اِس ملک کے سچے محبِ وطن ہندو بھی اردو کو اپنی زبان کہنے میں کوئی جھجک محسوس نہیں کرتے تھے۔ آلوک رائے نے جو منشی پریم چند کے پوتے اور امرت رائے کے بیٹے ہیں اپنی حالیہ تصنیف Hindi Nationalism (ہندی قومیت) میں صفحہ ۱۱۳ پر پنڈت جواہر لال نہرو سے متعلق ایک واقعہ نقل کیا ہے جس سے اندازہ ہوتا ہے کہ پنڈت نہرو کو اپنی اور اپنے اجداد کی زبان ''اردو'' بتانے میں قطعی کوئی تامل نہیں تھا۔ یہ واقعہ اس زمانے کا ہے جب دستور ساز اسمبلی میں زبان کی بحث زوروں پر تھی اور یہ طے کیا جانا تھا کہ دستورِ ہند کے آٹھویں شیڈول میں کن زبانوں کا اندراج کیا جائے۔ پنڈت نہرو نے ڈرافٹنگ کمیٹی کے ایک رکن ایم۔ ستیہ نارائن سے کہا کہ وہ زبانوں کی ایک فہرست تیار کریں۔ چنانچہ انھوں نے ہندوستان کی بارہ بڑی زبانوں کی فہرست تیار کر کے پنڈت نہرو کو پیش کر دی۔ نہرو جی نے اس فہرست کو کمیٹی میں پیش کرنے سے پہلے اس میں ایک تیرھویں زبان 'اردو' کا اضافہ کر دیا۔ جب ان کے ایک ''ہندی دوست'' نے ان سے پوچھا کہ یہ اردو کس کی زبان ہے، تو پنڈت نہرو غصّے میں آگئے اور انھوں نے کہا:

''یہ میری اور میرے باپ داداؤں کی زبان ہے!''

اس پر ان کے ''ہندی دوست'' نے فوراً جواب دیا:

'' برہمن ہوتے ہوئے اردو کو اپنی زبان کہتے ہو، شرم نہیں آتی؟''

نہرو نے کوئی جواب نہیں دیا۔ بالآخر دستور ساز اسمبلی میں بشمولِ اردو آٹھواں شیڈول منظور کر لیا گیا۔

اس سے قبل سر تیج بہادر سپرو نے ۱۲/ فروری ۱۹۳۹ء کو لکھنؤ میں ''یومِ چکبست'' کے موقع پر تقریر کرتے ہوئے اردو کے بارے میں یہ الفاظ کہے تھے:

''مجھے اردو زبان سے محبت ہے۔ میں اس کو اپنی زبان سمجھتا ہوں اور اپنے ہندوستان

کی زبان! مجھے یہ کہتے ہوئے ذرا بھی ہچکچاہٹ محسوس نہیں ہوتی کہ اردو میری مادری اور قومی زبان ہے"۔

انھوں نے یہ بھی کہا تھا کہ__

"میں اس کا کبھی قائل نہیں ہو سکتا کہ اردو مسلمانوں کی زبان ہے، بلکہ جتنا دعویٰ مسلمانوں کو اردو پر ہو سکتا ہے اتنا ہی ہندوؤں کو بھی ہونا چاہئیے۔ اس لیے کہ اردو دراصل ہندو مسلم اتحاد سے پیدا ہوئی اور اس اتحاد کی واحد یادگار ہے۔"

(منقول از عرضِ حال، "یادِ چکبست")۔

ماضیِ قریب کے ایک اور ہندو محبِ وطن پنڈت آنند نرائن ملّا نے تو ایک بھرے اجلاس میں یہاں تک کہہ دیا تھا کہ__

"میں اپنا مذہب چھوڑ سکتا ہوں، مگر اپنی زبان نہیں چھوڑ سکتا۔"

آخر یہ سب وطن پرست ہندو ہی تو تھے جو اردو کو اپنی زبان بتاتے تھے، لیکن چٹرجی اردو کو مشترکہ زبان بتانے سے گریز کرتے ہیں اور اسے "مسلمانی زبان" بتاتے ہیں۔

چٹرجی اردو کو "مسلمانی زبان" کہنے کے علاوہ "مسلمان ہندوستھانی" بھی کہتے ہیں، کیوں کہ یہ فارسی عربی رسمِ خط میں لکھی جاتی ہے اور فارسی عربی الفاظ کے استعمال کو ترجیح دیتی ہے۔ انھیں دونوں باتوں کی وجہ سے یہ "ہندو ہندوستھانی" یا "ناگری ہندی" سے مختلف ہو جاتی ہے۔ چٹرجی کے نزدیک ہندی اردو نزاع کی بنیادی وجہ یہی ہے۔ ان کے خیال میں یہ "بدیسی عناصر" ہیں جن کی وجہ سے "قوم پرستانہ یا وطن پرستانہ مزاج رکھنے والے اور سنسکرت سے محبت کرنے والے ہندو سوچ سمجھ کر ناگری رسمِ خط میں لکھی جانے والی سنسکرتی ہندی کی طرف مائل ہونے لگے" (ص ۲۱۴)۔ ہندوؤں کی احیاء پرست تنظیموں اور گروہوں، مثلاً آریہ سماج، برہمو سماج، شدھی ہندو سنگٹھن اور ہندو

مشن وغیرہ نے اس رجحان کو تقویت دی۔ ادھر ناگری پرچارنی سبھا، جس کا قیام ۱۸۹۰ء میں بنارس میں عمل میں آیا تھا، ناگری ہندی کی تحریک کو آگے بڑھانے میں پیش پیش رہی۔

ان تنظیموں اور تحریکوں کے درپردہ جو ذہنیت کام کر رہی تھی اس سے سنیتی کمار چٹرجی بھی متاثر ہوئے بغیر نہ رہ سکے۔ چنانچہ انھوں نے اسی متعصبانہ ذہنیت کے ماتحت ایک عام فہم، مانوس اور چلن میں آئے ہوئے لفظ ''ہندوستانی'' کا 'شدھی کرن' کر کے اسے ''ہندوستھانی'' بنالیا جس میں نہ صرف ثقالت اور غرابت پائی جاتی ہے بلکہ مصنوعی پن بھی ہے۔ چٹرجی 'ہندوستانی' (اور اسی کے ساتھ لفظِ 'ہندوستان') کو بدیسی لفظ بتاتے ہیں اور کہتے ہیں کہ یہ ''نہایت بوجھل ترکیب'' ہے، پھر کہتے ہیں کہ یہ خالص فارسی لفظ ہے اور عام طور پر اس کا مطلب ہوتا ہے ''ہندی کی مسلمان شکل یعنی اردو''۔ چٹرجی نے لفظِ ''ہندوستان'' میں شامل فارسی ''ستان'' (بمعنی 'جگہ') کی ''ت'' کو ''تھ'' سے بدل کر اسے سنسکرت ''ستھان'' کی شکل دے دی جس سے یہ لفظ ''ہندوستھانی'' بن گیا۔ اس گھڑے ہوئے، بے تکے اور بھونڈے لفظ کو انھوں نے ''ہندوستانی'' کی ہندیائی گئی شکل قرار دیا۔ ایک جگہ چٹرجی نے خود ہی اس بات کا اعتراف کیا ہے کہ ''ہندوؤں نے اسے فوراً ہندیا کر ہندوستھانی کر دیا''۔ ہندوستھانی کی وہ دو شکلیں بتاتے ہیں، ایک ''ہندو ہندی (یا ناگری ہندی)'' اور دوسری ''مسلمان اردو''۔

چٹرجی نے لفظِ ''ہندوستھانی'' گھڑ تو لیا لیکن شاید انھیں یہ معلوم نہیں تھا کہ اس میں لاحقے کے طور پر اب بھی فارسی کی 'یائے نسبتی' موجود ہے، یعنی ہندوستھان + ی = ہندوستھانی۔ چٹرجی عوام الناس کو یہ مشورہ دیتے ہیں اور کہتے ہیں کہ ''وقت آگیا ہے کہ ہم ہندیائی گئی شکلوں 'ہندوستھان' اور 'ہندوستھانی کو اختیار کرلیں، خواہ ان کا استعمال غیر ملکی

نژاد شکلوں 'ہندوستان' اور 'ہندوستانی' کے ساتھ ہی کیوں نہ ہو" (ص ۱۴۰)۔ ہم سب یہ بات بخوبی جانتے ہیں کہ چٹرجی کے اس مشورے پر کتنا عمل ہوا اور آج کس لفظ کو قبولِ عام حاصل ہے اور کون سا لفظ تاریخ کے دھندلکے میں گم ہو کر رہ گیا۔ (چٹرجی نے یہ مشورہ آج سے تقریباً ۶۵ سال قبل دیا تھا۔)

باب (۴)

تاریخ کے ایک موڑ پر شمالی ہندوستان میں احیاء پرست طاقتیں کافی سرگرم ہو جاتی ہیں۔ اس ذہنیت کے شکار لوگ لسانی عصبیت کا بھی شکار ہو جاتے ہیں۔ فرقہ وارانہ بنیاد پر زبان کی تقسیم یہیں سے شروع ہوتی ہے اور طریقۂ کار یہ اختیار کیا جاتا ہے کہ اس زبان کو جو روزِ اول سے ہی فارسی رسمِ خط میں لکھی جاتی تھی، ناگری حروف (یا دیوناگری رسمِ خط) کا جامہ پہنا دیا جاتا ہے اور یہ کہا جاتا ہے کہ یہ ایک الگ زبان ہے۔ اس نئی اور غیر فطری زبان کا نام ''اعلیٰ ہندی'' یا ''ناگری ہندی'' رکھا جاتا ہے۔ چوں کہ اردو کی بنیاد کھڑی بولی پر قائم ہے، لہٰذا جب اس نوزائیدہ زبان کو دیوناگری رسمِ خط میں لکھا گیا تو اس کا قواعدی ڈھانچا وہی رہا جو اردو کا تھا۔ اسی بنیاد پر اسے ''کھڑی بولی ہندی'' بھی کہا گیا تاکہ اسے اودھی، برج بھاشا، راجستھانی اور دوسری بولیوں سے ممیز کیا جاسکے۔ دیوناگری رسمِ خط اس سے پہلے انھیں بولیوں کے لیے استعمال کیا جاتا تھا۔ اردو کو دیوناگری رسمِ خط کا جامہ پہنانے کے علاوہ اس میں سے عربی فارسی کے الفاظ کو نکال کر ان کی جگہ سنسکرت کے الفاظ رکھ دیے گئے۔ اس طریقۂ کار کو اختیار کرنے سے جو ایک علاحدہ زبان بنائی گئی اسے دھیرے دھیرے ہندوؤں کی اکثریت نے اپنا لیا۔ اردو اپنی جگہ پر اسی طرح سے قائم رہی، لیکن اس کے بولنے والوں اور اسے اپنی زبان کہنے والوں کی تعداد بتدریج کم ہوتی گئی جس سے اِسی سرزمینِ ہند میں جو اس کی مرزبوم تھی، یہ اقلیتی زبان بن کر رہ گئی۔ انیسویں صدی کے آغاز سے اس نئی زبان کو ادبی زبان کی حیثیت سے استعمال کیا جانے

لگا۔ چٹرجی کے مطابق ''اس خالص کھڑی بولی ہندوستھانی کے پہلے ہندو مصنف منشی سدا سکھ تھے جنھوں نے اٹھارہویں صدی کے آخر میں 'بھگوت گیتا پُران' کا ترجمہ 'سُکھ ساگر' کے نام سے نثر میں کیا اور اس کے لیے انھوں نے دیوناگری رسم خط استعمال کیا جو برج بھاکھا اور اودھی کے لیے پہلے سے مستعمل تھا، اور علمی الفاظ کے لیے سنسکرت کی جانب رجوع کیا'' (ص ۲۱۱)۔ اس کے بعد ۱۸۰۰ء میں کلکتے میں فورٹ ولیم کالج کا قیام عمل میں آیا جہاں للوجی لال اور سدل مشر نے ''اعلی ہندی'' میں نثری تصانیف لکھیں۔ اور یہ سب کچھ انگریزوں کی سرپرستی میں اور انھیں کی ہدایت پر ہوا۔ ایک انگریز مصنف فرینک ای۔ کی (Frank E. Keay) نے اپنی کتاب A History of Hindi Literature (ہندی ادب کی تاریخ) میں اس حقیقتِ حال کو یوں بیان کیا ہے:

"Modern 'High Hindi' was developed from Urdu by the exclusion of Persian and Arabic words and the substitution of those of pure Indian origin, Sanskrit or Hindi". (P.4)

(''جدید 'اعلیٰ ہندی' اردو میں سے فارسی اور عربی الفاظ کو خارج کر کے اور ان کی جگہ پر سنسکرت یا ہندی کے خالص ہندوستانی نژاد الفاظ رکھ کر بنائی گئی''۔)

اسی کتاب میں وہ مزید لکھتا ہے:

"Lallu Ji Lal was a Brahman whose family had come originally from Gujarat, but had long been settled in North India. Under the direction of Dr. John Gilchrist he and Sadal Mishra were the creators of modern 'High Hindi'. Many dialects of Hindi were, as we have seen, spoken in North India, but the vehicle of polite speech amongst those who did not know Persian was Urdu. Urdu, however, had a vocbulary borrowed largely from the Persian and Arabic languages, which were specially connected with Muhammadanism. A literary language for Hindi-speaking people which could commend itself more to Hindus was very desirable, and the result was produced by taking Urdu and expelling from it words of Persian or Arabic origin, and substituting for them words of Sanskrit or Hindi origin." (P. 83)

(للوجی لال ایک برہمن تھے جن کے خاندان کا تعلق اصلاً گجرات سے تھا، لیکن جو عرصۂ دراز سے شمالی ہندوستان میں سکونت اختیار کیے ہوئے تھا۔ ڈاکٹر جان گلکرسٹ کی ہدایت پر انھوں نے سدل مشر کے ساتھ مل کر جدید 'اعلی ہندی' کی تخلیق کی۔ شمالی ہندوستان میں، جیسا کہ ہم نے دیکھا، بہت سی بولیاں بولی جاتی تھیں لیکن جو لوگ فارسی سے واقف نہیں تھے وہ شائستہ ذریعۂ اظہار کے طور پر اردو کا استعمال کرتے تھے۔ اردو کا ذخیرۂ الفاظ بڑی حد تک فارسی اور عربی زبانوں سے مستعار تھا جن کا خصوصی تعلق اسلام سے تھا۔ ہندی بولنے والوں کے لیے ایک ایسی ادبی زبان کی شدید ضرورت تھی جو ہندوؤں کی زیادہ مطلب برآری کر آسکے۔ اس کا نتیجہ یوں سامنے آیا کہ اردو کو لے کر اس میں سے فارسی یا عربی الاصل الفاظ نکال دیے گئے، اور ان کی جگہ پر سنسکرت یا ہندی الاصل الفاظ رکھ دیے گئے۔)

ہندوؤں میں اس نئی زبان کے استعمال کے بارے میں کی (keay) لکھتا ہے:

"The Hindi of Lallu Ji Lal was really a new literary dialect. This 'High Hindi', or 'Standard Hindi' as it is also called, has had however a great success. It has been adopted as the literary speech of millions in North India. Poetical works still continue to be written in Braj Bhasha, or Awadhi, or other old dialcts, as High Hindi has not been much used for poertry. But whereas before this time prose works in Hindi were very rare, from now onwards an extensive prose literature began to be produced." (Pp.83-84)

(للوجی لال کی ہندی درحقیقت ایک نئی ادبی زبان تھی۔ یہ 'اعلیٰ ہندی'، یا جسے 'معیاری ہندی' بھی کہتے ہیں، کافی مقبول ہوئی۔ ادبی زبان کی حیثیت سے اسے شمالی ہندوستان کے لاکھوں لوگوں نے اپنایا۔ شعری تصانیف اب بھی برج بھاشا، یا اودھی، یا

دیگر قدیم بولیوں میں لکھی جاتی رہیں، کیوں کہ اعلیٰ ہندی کو شاعری کے لیے زیادہ استعمال نہیں کیا گیا۔ لیکن چوں کہ اس سے پہلے ہندی میں نثری تصانیف کا بڑی حد تک فقدان تھا، اس لیے اس کے بعد سے نثری ادب کی وسیع پیمانے پر تخلیق عمل میں آئی۔)

جارج اے۔ گریرسن (George A. Grierson) نے بھی اپنے Linguistic Survey of India (لسانیاتی جائزہ ہند) کی نویں جلد کے حصۂ اول میں یہی بات کہی ہے۔ لیکن اس نے بالکل صاف لفظوں میں یہ حقیقت بیان کر دی ہے کہ للوجی لال کو "پریم ساگر" لکھنے کے لیے گل کرسٹ نے ہی جوش دلایا تھا۔ گریرسن کا یہ بھی کہنا ہے کہ "پریم ساگر" کی زبان اردو سے ہرگز مختلف نہیں ہے۔ فرق صرف اتنا ہے کہ فارسی الفاظ کی جگہ للوجی لال نے ہند آریائی الفاظ رکھ دیے ہیں۔ گریرسن لکھتا ہے:

"This Hindi, therefore, or, as it is sometimes called, 'High Hindi' is the prose literary language of those Hindus of Upper India who do not employ Urdu. It is of modern origin, having been introduced under English influence at the commencement of the last century. Up till then, when a Hindu wrote prose and did not use Urdu, he wrote in his own dialect, Awadhi, Bundeli, Braj Bhakha, or what not. Lallu Lal, under the inspiration of Dr. Gilchrist, changed all this by writing the well-known 'Prem Sagar', a work which was, so far as the prose portions went practically written in Urdu, with Indo-Aryan words substituted wherever a writer in that form of speech would use Persian ones." (P.46)

(لہٰذا یہ ہندی، یا جسے کبھی کبھی 'اعلی ہندی' بھی کہتے ہیں، بالائی ہندوستان کے ان ہندوؤں کی نثری ادبی زبان ہے جو اردو کا استعمال نہیں کرتے۔ یہ زمانۂ حال کی پیداوار ہے اور اس کا رواج گذشتہ صدی کے آغاز سے انگریزوں کے زیرِ اثر شروع ہوا۔ اُس وقت تک جب بھی کوئی ہندو نثر لکھتا تھا اور وہ اردو کا استعمال نہیں کرتا تھا، تو اپنی بولی، اودھی، بندیلی، برج بھاکھا وغیرہ میں لکھتا تھا۔ للولال نے ڈاکٹر گلگرسٹ کے جوش دلانے پر

معروف کتاب 'پریم ساگر' لکھ کر سب کچھ بدل ڈالا۔ یہ ایک ایسی تصنیف ہے، کہ جہاں تک کہ نثری اجزاء کا تعلق ہے یہ عملاً اردو میں لکھی گئی ہے اور اس زبان کے لیے مصنف جہاں فارسی الفاظ استعمال کرتا، وہاں اس نے ہند آریائی الفاظ رکھ دیے۔)

بعض ہندی دوست یہ سمجھتے ہیں کہ گریرسن اور دوسرے انگریز عالموں نے جان بوجھ کر یہ 'غلط فہمی' پھیلائی ہے کہ اردو میں سے عربی و فارسی الفاظ کو نکال کر اور ان کی جگہ پر سنسکرت کے الفاظ رکھ کر 'جدید ہندی' کی تعمیر کی گئی ہے، لیکن ایسی "موجودہ مصنوعی ہندی" کے بارے میں انصاف پسند ہندو دانشوروں کی بھی وہی رائے ہے جو گریرسن اور دوسرے انگریز عالموں کی ہے۔ ہندی کے ایک ممتاز عالم اور دانشور ایودھیا پرساد کھتری کا بھی یہی خیال ہے جس کا خلاصہ شتی کنٹھ مشر نے اپنی کتاب "کھڑی بولی کا آندولن" میں ان الفاظ میں پیش کیا ہے:

"برج بھاشا میں تمام ملکی و غیر ملکی الفاظ کے ملنے سے اردو کا ارتقا عمل میں آیا۔ اور اردو میں سے عربی فارسی کو جان بوجھ کر چھانٹے نیز ان کی جگہ پر سنسکرت کے ٹھیٹھ الفاظ رکھنے سے موجودہ مصنوعی ہندی کا ارتقا ہوا ہے"۔ (ص ۱٦۷)۔

کھتری کی یہ رائے کہ برج بھاشا میں دیگر زبانوں کے الفاظ کے ملنے سے اردو بنی، اگرچہ صحیح نہیں، تاہم جدید ہندی کے ارتقا کے بارے میں ان کا نظریہ حقیقت پسندانہ ہے۔

ایک اور ہندی مصنف چندر دھر شرما گلیری نے بھی اپنی کتاب "پرانی ہندی" میں واضح الفاظ میں یہ بات دہرائی ہے کہ زمانۂ حال کی ہندی اردو میں سے عربی اور فارسی الفاظ کو بے دخل کر کے بنائی گئی ہے۔ وہ لکھتے ہیں:

"ہندوؤں کی تخلیق کردہ پرانی شاعری جو کچھ بھی ملتی ہے وہ برج بھاشا یا پوربی، ویس

واڑی، اودھی، راجستھانی اور گجراتی وغیرہ ہی میں ملتی ہے۔ یعنی 'پڑی بولی' میں پائی جاتی ہے۔ 'کھڑی بولی' یا پکّی بولی یا ریختہ یا موجودہ ہندی کے موجودہ نثر و نظم کو دیکھ کر یہ معلوم ہوتا ہے کہ اردو میں مستعمل فارسی عربی کے خالص یا تحریف شدہ الفاظ کو نکال کر ان کی جگہ سنسکرت یا ہندی کے تتسم اور تدبھو الفاظ رکھنے سے ہندی بنالی گئی"۔(ص ۱۰۷)۔

جیسا کہ پہلے بھی کہا جا چکا ہے کہ اردو میں کھڑی بولی کو بنیاد بنا کر نثر لکھنے کی روایت کافی قدیم ہے اور یہ سلسلہ دکن سے ہی شروع ہو جاتا ہے۔ شمالی ہند میں بھی، کلکتے میں ۱۸۰۰ء میں فورٹ ولیم کالج کے قیام سے کافی پہلے سے، اردو میں نثری نمونے ملنا شروع ہو جاتے ہیں اور "کربل کتھا" (فضلِ علی فضلی)، "قصۂ مہر افروز و دلبر" (عیسوی خاں بہادر)، "نوطرزِ مرصع" (میر محمد حسین عطا خاں تحسین)، "عجائب القصص" (شاہ عالم ثانی)، "قصہ ملک محمد و گیتی افروز (مہر چند کھتری)، اور سلکِ گہر" (انشاء اللہ خاں انشاء) اردو کی وہ نثری تصانیف ہیں جو فورٹ ولیم کالج کے قیام سے قبل لکھی جا چکی تھیں۔ زمانۂ حال کی ہندی میں کھڑی بولی کے نثری نمونے انیسویں صدی سے پہلے ناپید ہیں۔ اس زبان میں یہ سلسلہ فورٹ ولیم کالج کے قیام کے بعد سے شروع ہوتا ہے۔ اور یہاں کی لکھی ہوئی للوجی لال کی "پریم ساگر" زمانۂ حال کی کھڑی بولی ہندی کی پہلی کتاب قرار پاتی ہے۔ اس بات کی تائید معروف ہندی اسکالر اور ماہرِ لسانیات بال گووند مشر کے اس بیان سے بھی ہوتی ہے جو ای۔ انا ملائی کی مرتبہ کتاب Language Movements in India (ہندوستان کی لسانی تحریکیں) میں شامل ان کے مضمون "Language Movements in Hindi Region" (ہندی علاقے کی لسانی تحریکیں) سے منقول ہے:-

'It may be mentioned that the use of Khadi Boli Hindi for prose was initially promoted and patronized by the Fort

William College authorities from the beginning of the nineteenth century." (P. 72)

(نثر کے لیے کھڑی بولی ہندی کا استعمال سب سے پہلے فورٹ ولیم کالج کے اربابِ حل و عقد کی سرپرستی میں انیسویں صدی کے آغاز سے شروع ہوا۔)

انیسویں صدی کے اواخر تک ہندوؤں میں یہ روایت چلی آ رہی تھی کہ شاعری کے لیے برج بھاشا کا استعمال کیا جاتا تھا اور نثر کھڑی بولی ہندی میں لکھی جاتی تھی۔ اس وقت برج بھاشا کا طوطی بول رہا تھا۔ اور یہ ہندوؤں میں راجستھان سے لے کر بہار تک ادبی ذریعۂ اظہار کی حیثیت سے بیحد مقبول تھی اور اس میں نثری نمونے محض خال خال پائے جاتے ہیں۔ بال گووند مشر اپنے اسی مضمون میں کہتے ہیں کہ یہ ادبی صورتِ حال "بے قاعدہ اور انتہائی مصنوعی" (anomalous and highly artificial) تھی۔ چنانچہ جلد ہی ایک "تحریک" شروع کی گئی جس کے نتیجے میں شاعری کی زبان کی حیثیت سے برج بھاشا کو ہٹا کر "کھڑی بولی پر مبنی زبان کو رواج دیا گیا" جو تمام ادبی اصناف کے لیے یکساں استعمال کی جا سکے۔

اردو نثر کا ارتقا چٹرجی ۱۸۰۰ء کے آس پاس بتاتے ہیں اور اسے ہندی نثر کے ارتقا کے ساتھ جوڑتے ہوئے کہتے ہیں کہ "اعلیٰ ہندی یا معیاری (کھڑی بولی) ہندی کا نثر کی زبان کی حیثیت سے ارتقا تقریباً اردو کے ساتھ ہی ہوا، یعنی کلکتے میں انگریزوں کے زیرِ سرپرستی انیسویں صدی کے آغاز سے"۔ (ص ۱۶۷)۔ وہ یہ بھی کہتے ہیں کہ "برج بھاکھا اور اودھی جیسی خالص بولیوں سے قطعِ نظر، معیاری ہندی یا اعلیٰ ہندی کو ادب کے لیے استعمال کرنے کی کوشش اردو کے مقابلے میں زیادہ قدیم ہے،" جس کا سلسلہ وہ پندرھویں صدی تک لے جاتے ہیں اور مثال میں کبیر کی شاعری کو پیش کرتے ہیں اور کہتے ہیں کہ "کبیر کی شاعری کی زبان بحیثیتِ مجموعی ہندی ہے، نہ کہ اردو۔" وہ یہ بھی

کہتے ہیں کہ ''زبان کا نام ہندی (جسے پہلے 'ہندوی' کہتے تھے) ہندوستانی اور اردو ناموں کے مقابلے میں زیادہ قدیم ہے'' (ص ۱۶۷)۔ کبیر کی شاعری کی زبان کو اعلی ہندی یا معیاری (کھڑی بولی) ہندی بتانا محلِ نظر ہے۔ کبیر کا تعلق اصلاً بھوجپوری کے علاقے سے تھا، لیکن وہ ادھر ادھر گھومتے رہتے تھے، لہٰذا ان کی زبان پر مختلف بولیوں کے اثرات پڑے اور ان کی زبان ''سدھکڑی بھاشا'' کہلائی۔ یہ کھڑی بولی کی بنیاد پر معیاری بنائی گئی اعلیٰ ہندی یا اردو کے بالمقابل قائم کی گئی 'ہندی' ہر گز نہیں۔ چٹر جی نے کھڑی بولی ہندی کی ادبی تاریخ کو ماضی میں دور تک لے جانے کے لیے خواہ مخواہ کبیر کا نام پیش کیا۔ چٹر جی جو 'ہندی' یا 'ہندوی' کو اردو کا قدیم نام تسلیم کر چکے تھے، وہی اب ان ناموں کو جدید ''ہندی'' کے قدیم ناموں کے طور پر استعمال کرتے ہیں اور چوں کہ'' اردو'' نام بعد میں پڑا اس لیے اردو کو بعد کی زبان بتاتے ہیں جب کہ ہندی کے ممتاز عالم دھیریندر ورما کا خیال ہے کہ ''تاریخی اعتبار سے کھڑی بولی اردو کا استعمال ادبی کھڑی بولی ہندی کے استعمال سے زیادہ قدیم ہے''۔ ('ہندی بھاشا کا اتہاس'، ص ۶۰)۔ زبانوں کی تاریخ میں یہ اکثر ہوتا آیا ہے کہ زبان پہلے تشکیل پاتی ہے اور اس کا نام بعد میں پڑتا ہے یا رکھا جاتا ہے۔ اس کی عمدہ مثال ہمارے سامنے سنسکرت زبان کی ہے۔ سنسکرت زبان پورے شمالی ہندوستان میں مغرب تا مشرق پورے ایک ہزار سال تک (۱۵۰۰ تا ۵۰۰ قبل مسیح) پھلتی پھولتی اور پروان چڑھتی رہی۔ اس دوران میں چاروں وید تخلیق کیے گئے اور پانِنی نے اس زبان کی نہایت منضبط قواعد تخلیق کی جو ''اشٹادھیائی'' کے نام سے موسوم ہے۔ لیکن اس طویل عرصے کے دوران اس زبان کا کوئی نام نہیں پڑا۔ پانِنی نے اس کے لیے صرف ''بھاشا'' کا لفظ استعمال کیا ہے۔ اس کا نام ''سنسکرت'' بہت بعد میں جا کر پڑا۔ لفظ ''سنسکرت'' پہلے زبان کے معنی میں مستعمل نہیں تھا، بلکہ اس کے لغوی معنیٰ تھے،

'شستہ و شائستہ'۔ بعد میں یہی لفظ اسمِ لسان کے طور پر استعمال ہونے لگا۔ پالی زبان کا نام بھی بعد میں پڑا۔ برج بھاشا، کھڑی بولی اور بعض دوسری بولیوں کے نام بھی بعد میں پڑے۔ اردو کا بھی حال یہی ہے کہ اسے پہلے دوسرے کئی ناموں سے پکارا گیا پھر بعد میں جا کر اس کا موجودہ نام "اردو" پڑا لیکن اس کا یہ ہرگز مطلب نہیں کہ جب سے اس کا نام اردو پڑا تب سے اس کی پیدائش عمل میں آئی۔ اردو کے مخالفین اردو کی تاریخ کو کم کرنے کے لیے ہمیشہ یہی دلیل پیش کرتے ہیں۔ اس غلط بیانی اور کج فہمی کی ابتدا سنیتی کمار چٹرجی سے ہوتی ہے جنھوں نے یہ کہا تھا کہ "اردو کا سترھویں صدی کے خاتمے سے قبل ادبی زبان کی حیثیت سے کوئی وجود نہیں تھا" (ص ۱۶۲)۔

باب (۵)

امرت رائے نے چٹرجی سے ہی اشارہ پاکر اپنی کتاب A House Divided (گھر جو تقسیم ہو گیا) میں اردو کو ولی کے بعد کی اختراع بتایا ہے اور اسے "لسانی پھوٹ" اور "علاحدگی پسندی" کا نتیجہ قرار دیا ہے۔ امرت رائے "ہندی" اور "ہندوی" کو اردو کے قدیم نام تسلیم نہیں کرتے اور اردو کے تمام تر قدیم ادبی سرمایے کو (جس میں دکنی ادب بھی شامل ہے) زمانۂ حال کی ہندی کی تاریخ کا جزوِ لاینفک قرار دیتے ہیں۔ اس طرح چٹرجی کی طرح وہ بھی اردو پر ہندی کی لسانی و ادبی قدامت اور فوقیت کو ثابت کرنے کے لیے ایڑی چوٹی کا زور لگا دیتے ہیں۔ امرت رائے کے خیال میں اردو کی تاریخ اس وقت سے شروع ہوتی ہے جب سے اس کا نام "اردو" پڑتا ہے اور جب سے اس میں ہندی عناصر کی جگہ عربی فارسی عناصر شامل ہونا شروع ہو جاتے ہیں اور یہ دونوں چیزیں تقریباً ساتھ ساتھ وقوع پذیر ہوتی ہیں۔

امرت رائے نے اردو پر "علاحدگی پسندی" کا الزام تو عائد کیا ہی ہے، حد تو یہ ہے کہ وہ اردو کو ہندوستان کے آئین کے آٹھویں شیڈول میں جگہ دیے جانے پر بھی معترض ہیں۔ ان کے خیال میں "اردو کو (اس کے رسمِ خط کے ساتھ) آئین میں ہندی کے علاوہ ایک علاحدہ قومی زبان کی حیثیت دینے میں عجلت اور ناسمجھی سے کام لیا گیا، کیوں کہ یہ فیصلہ مسئلے کی پیچیدہ نوعیت پر اچھی طرح غور کیے بغیر کیا گیا تھا اور مبہم اور سہل انگاری کے تصور پر مبنی تھا۔" امرت رائے کے انگریزی الفاظ یہ ہیں:

"I am convinced, --- that inscribing Urdu (with its script) in the Constitution as a separate national language apart from Hindi was hasty and ill- conceived in as much as it was based on some vague, simplistic assumptions, without an adequate grasp of the complex nature of the problem." (P. 287)

اس امر کا ذکر بیجا نہ ہو گا کہ امرت رائے نے یہ خیال گیان چند جین کے اس قول سے لیا ہے:

"ہندوستان کے آئین میں اردو ہندی کو دو زبانوں کی حیثیت سے درج کرنا سیاسی مصلحت ہے، لسانی حقیقت نہیں۔"

جین صاحب کا یہ قول ان کے ایک مضمون "اردو، ہندی یا ہندوستانی؟" مطبوعہ "ہندستانی زبان" (سال ۵، نمبر ۱، اکتوبر ۱۹۷۳ء) میں شامل ہے۔ انھوں نے یہ بات کھل کر نہیں کہی ہے کہ اردو کو ہندوستان کے آئین میں جگہ نہیں ملنی چاہئے تھی، لیکن اقتباسِ بالا کے بین السطور سے یہی مترشح ہوتا ہے کہ جب ہندی کو آئین میں جگہ دے دی گئی تو پھر اردو کو اسی آئین میں جگہ دینے کا کیا جواز؟ ان کے خیال میں ایسا کرنا محض "سیاسی مصلحت" ہی ہو سکتی ہے، "لسانی حقیقت" سے اس کا کوئی تعلق نہیں۔

گیان چند جین اردو اور ہندی کو ایک زبان تسلیم کرتے ہیں۔ اس خیال کا اظہار انھوں نے اپنے بعض مضامین میں کھل کر کیا ہے۔ اپنے مذکورہ مضمون میں وہ لکھتے ہیں:

"اردو ہندی دو الگ زبانیں نہیں۔۔۔ اگرچہ اردو ادب اور ہندی ادب دو مختلف اور آزاد ادب ہیں، لیکن اردو اور ہندی دو مختلف زبانیں نہیں ہیں"۔

اسی خیال کو جین صاحب نے اپنی حالیہ کتاب "ایک بھاشا: دو لکھاوٹ، دو ادب" میں نہایت جارحانہ اور متعصبانہ انداز میں، اور فرقہ وارانہ ذہنیت (With communal mindset) کا شکار ہو کر حد درجہ غیر معتدل انداز اور غیر علمی رویہ

اختیار کرتے ہوئے پیش کیا ہے جس نے اردو دنیا کو 'سکتے' میں ڈال دیا ہے۔ لہٰذا ایک ایسی کتاب جو اردو زبان کو بے وجہ بدنام کرتی ہو، اس کے خلاف غلط اور جھوٹا پروپیگنڈا کرتی ہو، اس کے وجود پر سوالیہ نشان قائم کرتی ہو، اس کی تاریخ کو مسخ کرتی ہو، اور اس کے بولنے والوں کے خلاف نفرت کا بیج بوتی ہو نیز ہندوؤں اور مسلمانوں کے درمیان منافرت اور شکوک و شبہات پیدا کرتی ہو اس بات کی متقاضی ہے کہ اس کی جتنی بھی مذمت کی جائے کم ہے۔ اردو کے خلاف زہر اگلنے والی اس کتاب نے سنیتی کمار چٹرجی اور امرت رائے کو بھی مات دے دی ہے۔ یہ وہی گیان چند جین ہیں جنھوں نے ساری زندگی اردو کی کمائی کھائی اور عزت، شہرت، دولت سب کچھ انھیں اردو ہی کی وجہ سے حاصل ہوئی ہے اور یہ وہی گیان چند جین ہیں جنھوں نے اپنے مذکورہ مضمون ''اردو، ہندی یا ہندوستانی؟'' میں لکھا ہے کہ ''میں مردم شماری میں اپنی مادری زبان اردو لکھواتا ہوں''۔ اپنی مادری زبان کے ساتھ کوئی شخص اتنا بڑا 'وشواس گھات' یا غداری کیسے کر سکتا ہے؟ ایسے ہی لوگوں کے بارے میں کسی نے کیا خوب کہا ہے، ع

یہ جس تھالی میں کھاتے ہیں اسی میں چھید کرتے ہیں

گیان چند جین نے اپنی اس کتاب میں نہ صرف اردو زبان کو مطعون و ملعون کیا ہے اور اس پر ''تنگ نظری'' کی تہمت لگائی ہے بلکہ اردو رسمِ خط میں بھی کیڑے نکالے ہیں اور دیوناگری رسمِ خط (زمانۂ حال کی ہندی کا رسمِ خط) کی تعریف و تحسین میں زمین و آسمان کے قلابے ملا دیے ہیں۔ عقل حیران ہے کہ گیان چند جین نے آخرِ عمر میں جب کہ وہ سات سمندر پار بیٹھے ہوئے ہیں اور پارکنسن جیسی مہلک بیماری کا شکار ہیں ایسی دل آزار کتاب کیوں اور کس کے اشارے پر لکھی؟ اردو کے بارے میں اس قدر منفی رویے (Negative Approach) کی حامل کتاب تو آج تک ہندی زبان

میں بھی نہیں لکھی گئی۔

امرت رائے اگرچہ پریم چند کے بیٹے تھے، لیکن وہ بنیادی طور پر ہندی کے ادیب و عالم تھے۔ انھوں نے اردو اگر سیکھی بھی ہو گی تو اتنی مہارت پیدا نہ کر سکے ہوں گے کہ اس زبان میں لکھی ہوئی دقیق علمی کتابوں کا بالاستیعاب مطالعہ اور ان سے اخذ واستفادہ کر سکیں۔ لہٰذا گمانِ غالب ہے کہ امرت رائے نے اپنی مذکورہ کتاب کی تسوید و تصنیف کے دوران گیان چند جین سے بھرپور مدد لی ہو گی کیوں کہ جس زمانے میں امرت رائے اس کتاب کا پہلا ڈرافٹ تیار کر رہے تھے اس زمانے میں دو سال تک گیان چند جین انھیں کے شہر الہٰ آباد میں یونیورسٹی کے شعبۂ اردو کے صدر تھے۔ امرت رائے کی یہ خوش نصیبی تھی کہ وہ علمی تعاون حاصل کرنے کے لیے جب چاہتے جین صاحب سے مل سکتے تھے۔ جب جین صاحب حیدرآباد چلے گئے تب بھی امرت رائے کا رابطہ ان سے برابر قائم رہا اور وہ ہر طرح کی علمی امداد جین صاحب سے حاصل کرتے رہے۔ امرت رائے نے اپنی مذکورہ کتاب کے "Acknowledgments" میں علمی تعاون کے لیے گیان چند جین کا بڑی گرم جوشی کے ساتھ شکریہ ادا کیا ہے اور نہایت صاف گوئی کے ساتھ یہ بھی لکھ دیا ہے کہ "کتاب کے اردو مواد کے لیے میں نے کلیتہً معروف اردو اسکالر گیان چند جین پر انحصار کیا ہے"۔ امرت رائے نے اس سلسلے میں یہ بھی لکھا ہے کہ جین صاحب نے "نہایت فراخدلی کے ساتھ میری مدد کی اور نہ صرف اس موضوع سے متعلق مجھے کتابیں اور رسائل فراہم کیے، بلکہ خیالات (Ideas) بھی دیے اور ہر طرح کی قابلِ انحصار اطلاعات بھی مجھے مہیا کرائیں"۔ انھوں نے یہ بھی لکھا ہے کہ جین صاحب سے "میرا تبادلۂ خیال انتہائی مفید اور کارآمد ہوتا تھا اور مجھے ہمیشہ اس سے تحریک ملتی تھی۔"

امرت رائے کے ان بیانات سے صاف ظاہر ہوتا ہے کہ گیان چند جین A

House Divided کی تصنیف میں امرت رائے کے ساتھ برابر کے شریک رہے لیکن سرورق پر بد قسمتی سے صرف امرت رائے کا ہی نام چھپا۔ گیان چند جین کی حالیہ تصنیف "ایک بھاشا: دو لکھاوٹ، دو ادب" کو اگر امرت رائے کی مذکورہ کتاب کا تتمہ کہا جائے تو بیجا نہ ہو گا، کیوں کہ اردو، اردو بولنے والوں نیز مسلمانوں کے خلاف جو باتیں امرت رائے کی کتاب میں کہنے سے رہ گئی تھیں وہ سبھی باتیں گیان چند جین کی اس حالیہ کتاب میں بلا جھجک کہہ دی گئی ہیں۔ جین صاحب نے علاوہ اور باتوں کے اگر ایک طرف اردو کے بارے میں یہ کہا ہے کہ "اردو کا مزاج تنگ نظری کا ہے" (ص۔ ۱۲۴)، تو دوسری طرف امرت رائے نے یہ دعویٰ کیا ہے کہ اردو ایک "غیر سیکولر" اردو "شدید مذہبی رجحان" کی حامل زبان ہے اور اگر اسے مراعات دی گئیں تو یہ "سیکولر یک جہتی کے خلاف کام کرے گی" (ص۔ ۲۸۹):

"It is not altogether unlikely that, in the context of the cynical, vote-oriented power game of politics, Urdu will some day even have recognition as a regional language; but we think that it would be harmful in the national interests of the country to grant this, because as a non-secular element with a strong religious connotation it would work against secular integration". (P. 289)

(اگرچہ یہ بات ناممکن نہیں ہے کہ ووٹوں کی بنیاد پر کھیلے جانے والے سیاسی اقتدار کے بیڈھب کھیل کے سیاق میں ایک دن اردو کو علاقائی زبان کی حیثیت سے تسلیم کر لیا جائے گا؛ لیکن ایسا کرنا ہمارے خیال میں ملک کے قومی مفادات کے لیے مضرت رساں ہو گا، کیوں کہ اپنے غیر سیکولر مزاج اور شدید مذہبی رجحان کی وجہ سے یہ (زبان) سیکولر یک جہتی کے خلاف کام کرے گی)۔

اردو زبان کے تاریخی تناظر کے اس مدلل اور مفصل جائزے سے جو حقائق سامنے آئے ہیں وہ یہ ہیں:

۱۔ اردو، ہندی (زمانہ حال کی ہندی) سے زیادہ قدیم زبان ہے، اور اس کا ادبی ارتقا بھی ہندی کے ادبی ارتقا سے بہت پہلے ہوا ہے۔

۲۔ 'ہندی' (قدیم مفہوم میں)، 'ہندوی'، 'ریختہ'، 'دہلوی'، 'گجری'، 'دکنی' اردو ہی کے قدیم نام ہیں، ہندی (زمانۂ حال کی ہندی) کے نہیں۔

۳۔ ہندی دانشوروں کا یہ کہنا کہ چوں کہ موجودہ اردو کا 'اردو' نام اٹھارہویں صدی کے اواخر میں پڑا، لہٰذا اس سے پہلے اردو کا وجود نہ تھا سراسر لغو اور اِن دانشوروں کی کج فہمی اور لسانی تعصب کا آئینہ دار ہے۔

۴۔ ہندی دانشوروں کا یہ بیان بھی سراسر غلط اور لسانی حقیقت کو جھٹلانا ہے کہ اٹھارہویں صدی کے وسط میں 'اصلاحِ زبان' کے نام پر ہندی (جو ان دانشوروں کے مطابق شروع سے چلی آرہی تھی) میں سے انڈک یا ہندی الاصل الفاظ کو چھانٹ کر نکال دینے سے اور ان کی جگہ پر عربی فارسی کے الفاظ رکھ دینے سے 'اردو' نام کی ایک علاحدہ زبان بنائی گئی۔

۵۔ اس بات کے وافر شواہد موجود ہیں کہ زمانۂ حال کی کھڑی بولی ہندی یا ناگری ہندی / اعلیٰ ہندی کا ارتقا اٹھارہویں صدی کے خاتمے کے بعد غیر فطری طور پر عمل میں آیا۔ اردو زبان جو کھڑی بولی کی بنیاد پر ارتقا پا کر بارہویں صدی کے اواخر سے شمالی ہندوستان میں بلالحاظِ مذہب وملّت رائج تھی اور عام بول چال، خواندگی (Literacy) اور شائستہ طرزِ کلام کی زبان بن چکی تھی اور ادبی اعتبار سے بھی نہایت ترقی یافتہ اور متمول

تھی، انیسویں صدی کے اوائل میں اسی زبان میں سے عربی فارسی الفاظ کو خارج کر کے اور ان کی جگہ پر سنسکرت کے الفاظ رکھ کر موجودہ ہندی بنائی گی اور اس کے لیے دیوناگری رسمِ خط اختیار کیا گیا۔ شمالی ہندوستان کے ہندوؤں نے جو اُس وقت تک اردو پڑھتے لکھتے تھے دھیرے دھیرے اس نئی اور مصنوعی زبان کو اپنا لیا۔ انیسویں صدی کی ہندو احیاء پرست تنظیموں نے 'ہندی آندولن' (ہندی تحریک) چھیڑ کر اس نوزائیدہ زبان کے فروغ کو تقویت پہنچائی۔

۶۔ اس میں کوئی شک نہیں کہ موجودہ ہندی (دیوناگری رسمِ خط میں لکھی جانے والی زمانۂ حال کی کھڑی بولی ہندی) اردو سے نکلی ہے، لہٰذا حقیقی معنوں میں اس ہندی کو اردو کی شیلی (اسلوب) کہنا زیادہ مناسب ہو گا، نہ کہ اردو کو ہندی کی شیلی سمجھنا (جیسا کہ ہندی دانشوروں کی غیر منطقی دلیل ہے)۔

کتابیات

۱۔ آلوک رائے (Hindi Nationalism) نئی دہلی: اورینٹ لانگ مین، ۲۰۰۰ء)۔

۲۔ امرت رائے A House Divided: The Origin and Development of Hindi -Urdu باز طبع (دہلی: آکسفرڈ یونیورسٹی پریس ۱۹۹۱ء)۔

۳۔ اونکار 'راہی'، کھڑی بولی: سوروپ اور ساہتیک پرمپرا (دہلی: پی پرکاشن، ۱۹۷۵ء)۔

۴۔ ای۔ اناملائی (مرتب)، Language Movements in India (میسور: سنٹرل انسٹی ٹیوٹ آف انڈین لینگویجز، ۱۹۷۹ء)۔

۵۔ برج رتن داس، کھڑی بولی ہندی کا اتہاس (بنارس: ہندی ساہتیہ کیٹر، ۲۰۰۹ سمبت)۔

۶۔ پال آر۔ براس (Paul R. Brass)، Language, Religion and Politics in North India (نئی دہلی: وکاس پبلشنگ ہاؤس، ۱۹۷۵ء)۔

۷۔ جیوترندر داس گپتا، Language Conflict and National Development: Group Politics and National Language Policy in India (برکلے: سنٹر فار ساؤتھ اینڈ ساؤتھ ایسٹ ایشیا اسٹڈیز، یونیورسٹی

آف کیلی فورنیا، ۱۹۷۰ء)۔

۸۔ چندر دھر شرما گلیری، پرانی ہندی (کاشی: ناگری پرچارِنی سبھا، ۲۰۱۸ سمبت)۔

۹۔ حکم چند نیر، اردو کے مسائل: ہندوستان کی سیاسی اور سماجی تاریخ کی روشنی میں (بنارس: شعبۂ اردو، بنارس ہندو یونیورسٹی، ۱۹۷۷ء)۔

۱۰۔ دھیریندر ورما، ہندی بھاشا کا اتہاس (الہٰ آباد: ہندستانی اکیڈمی، ۱۹۶۷ء)۔

۱۱۔ رام ولاس شرما، بھارت کی بھاشا سمسیا، دوسرا ایڈیشن (نئی دہلی: راج کمل پرکاشن، ۱۹۷۸ء)۔

۱۲۔ سنیتی کمار چٹرجی، Indo -Aryan and Hindi، دوسرا ایڈیشن (کلکتہ: فرما کے۔ ایل۔ مکھوپادھیائے، ۱۹۶۰ء)۔

۱۳۔ سہیل بخاری، اردو کی زبان (کراچی: فضلی سنز لمٹیڈ، ۱۹۹۷ء)۔

۱۴۔ سید احتشام حسین (مترجم)، ہندستانی لسانیات کا خاکہ از جان بیمز (لکھنؤ: دانش محل، ۱۹۷۱ء)۔

۱۵۔ سید محی الدین قادری زورؔ، ہندستانی لسانیات (لکھنؤ: نسیم بک ڈپو، ۱۹۶۰ء)۔

۱۶۔ شِتی کنٹھ مشر، کھڑی بولی کا آندولن (کاشی: ناگری پرچارِنی سبھا، ۲۰۱۳ سمبت)۔

۱۷۔ شمس الرحمٰن فاروقی، اردو کا ابتدائی زمانہ: ادبی تہذیب و تاریخ کے پہلو (کراچی: آج کی کتابیں، ۱۹۹۹ء)۔

۱۸۔ فرینک ای۔ کی (Frank E. Keay)، A History of Hindi Literature، باز طبع (کلکتہ: وائی۔ ایم۔ سی۔ اے پبلشنگ ہاؤس، ۱۹۶۰ء)۔

۱۹۔ کرسٹوفر آر۔ کنگ (Christopher R. King)، One Language

Two Scripts: The Hindi Movement in Nineteenth Century North India (بمبئی: آکسفرڈ یونیورسٹی پریس، ۱۹۹۴ء)۔

۲۰۔ گیان چند جین، لسانی مطالعے (نئی دہلی: ترقیِ اردو بورڈ، ۱۹۷۳ء)۔

۲۱۔ گیان چند جین، ایک بھاشا: دو لکھاوٹ، دو ادب (دہلی۔: ایجوکیشنل پبلشنگ ہاؤس، ۲۰۰۵ء)۔

۲۲۔ لچھمن ایم۔ خوب چندانی، Language in a Plural Society (شملہ: انڈین انسٹی ٹیوٹ آف ایڈوانسڈ اسٹڈی، ۱۹۸۸ء)۔

۲۳۔ مرزا خلیل احمد بیگ، لسانی تناظر (نئی دہلی: باہری پبلی کیشنز، ۱۹۹۷ء)۔

۲۴۔ مرزا خلیل احمد بیگ، اردو کی لسانی تشکیل، تیسرا ایڈیشن (علی گڑھ: ایجوکیشنل بک ہاؤس، ۲۰۰۰ء)۔

۲۵۔ مرزا خلیل احمد بیگ (مرتب)، اردو زبان کی تاریخ، دوسرا ایڈیشن (علی گڑھ: ایجوکیشنل بک ہاؤس، ۲۰۰۰ء)۔

۲۶۔ مسعود حسین خاں، مقدمۂ تاریخِ زبانِ اردو، ساتواں ایڈیشن (علی گڑھ: ایجوکیشنل بک ہاؤس، ۱۹۸۷ء)۔

۲۷۔ مسعود حسین خاں، اردو زبان: تاریخ، تشکیل، تقدیر، خطبۂ پروفیسر ایمے ریٹس (علی گڑھ: شعبۂ لسانیات، علی گڑھ مسلم یونیورسٹی، ۱۹۸۸ء)۔

* * *